Learning English

Green Line 3 und 4

Grammatisches Beiheft

herausgegeben von Peter Lampater

Ernst Klett Schulbuchverlag
Stuttgart Düsseldorf Berlin Leipzig

Inhalt

Green Line 3

Unit 1

Das Stützwort ‚one/ones‘   The prop-word 'one/ones'

I've got two maps of London – **a new one** and **an old one.**	… eine neue und eine alte.
Which pencil would you like – **the long one** or **the short one**?	… den langen oder den kurzen?
Those oranges are too small. Please give me **some larger ones**.	… ein paar größere.
Which of those teachers is your form master? –	
The one with the red pullover.	Der mit dem roten Pullover.
These are nice bikes. **Which one** do you like best?	… Welches …
I like **this one** best. – And I like **that one** over there.	… dieses hier. – … das da drüben.

- Wenn man ein zählbares Nomen nicht wiederholen möchte, so kann man es durch *one* (im Plural *ones*) ersetzen. *One/ones* werden nach den meisten Adjektiven und deren Steigerungen gebraucht.

- Wenn das Nomen nach *the* und *a/an* wegfällt, so tritt an seine Stelle immer *one/ones*. (Wenn das Nomen nach *this, that* und *which* wegfällt, so kann an seine Stelle *one/ones* treten.)

‚Can‘, ‚may‘, ‚must‘ und ihre „Ersatzverben"
'Can', 'may', 'must' and their substitutes

Can, may und *must* sind „unvollständige Hilfsverben" *(defective auxiliaries)*, das heißt, daß wir mit ihnen nicht alle Zeiten bilden können.
Für die Zeitformen, die von *can, may* und *must* nicht gebildet werden können, müssen Umschreibungen mit Verben ähnlicher Bedeutung verwendet werden.

	present	past	future
1. können	**can** **am** **is able to** **are**	**could** **was** **were able to**	 **will be able to**
nicht können	**can't** **am not** **isn't able to** **aren't**	**couldn't** **wasn't** **weren't able to**	 **won't be able to**
2. dürfen	**may** **am** **is allowed to** **are**	 **was** **were allowed to**	 **will be allowed to**
nicht dürfen	**may not/mustn't** **am not** **isn't allowed to** **aren't**	 **wasn't** **weren't allowed to**	 **won't be allowed to**

3. müssen	**must**		
	has to *(Does he have to?)* **have to** *(Do I have to?)*	**had to** *(Did she have to?)*	**will have to**
nicht müssen/ nicht brauchen	**needn't** **doesn't** **don't** **have to**	**didn't have to**	**won't have to**

1. ‚Can' und ‚be able to'

present	Ben **can** **is able to** walk very well again.	But he **can't** **isn't able to** play football yet.
past	When he broke his leg… But after a few days he **could** **was able to** go back to school.	…he **couldn't** **wasn't able to** walk at first.
future	Ronny **will be able to** show Ben everything.	But Ben **won't be able to** see London very soon.

- Wenn man ausdrücken will, daß jemand etwas (nicht) kann oder zu etwas (nicht) fähig ist, gebraucht man im *present tense* meistens *can/can't*.
- Die *past tense*-Formen von *can* und *can't* lauten *could* und *couldn't;* die Ersatzformen dazu sind *was/were able to* bzw. *wasn't/weren't able to*.
- Für das Futur muß man *will/won't be able to* verwenden, da es keine entsprechende Form von *can* gibt.

2. ‚May' und ‚be allowed to'

present	*Ronny:* **May** we go on our own? *Mrs Bennett:* Yes, you **may**. Daniel knows London. But you **mustn't** be late. *Timmy:* **May** I go with them, Mum? *Mrs Bennett:* No, you **may not.** They are going to the London Dungeon. And small children **aren't allowed to** go in. *Timmy:* That's not fair! Ronny and Daniel **are allowed to** go, but **I'm not allowed to** go with them.
past	When they were in London, Daniel and Ronny **were allowed to** go everywhere on their own. But poor Timmy **wasn't allowed to** go with them.
future	When Timmy is six he **will be allowed to** go with the big boys, but he still **won't be allowed to** go all over London on his own.

- *May, may not* und *mustn't* können nur im *present tense* verwendet werden. Für die anderen Zeitformen muß man eine Form von *be allowed to* gebrauchen.
- *May* und *may not* kommen vor allem in Frage- und Antwortsituationen vor. Sonst steht für ‚nicht dürfen' eher *mustn't* oder eine verneinte Form von *be allowed to*.

3. ‚Must' und ‚have to'

present	*Paul:* **Must** you really go home now? *Pam:* But I **must** leave now. I **have to** be home by seven. When does Kevin **have to** be home?	*Kate:* Well, perhaps I **needn't** go yet. *Paul:* He **doesn't have to** go home at all. He is going to stay the night.
past	When **did** Ben **have to** be home? He **had to** be home by eight.	But Kevin **didn't have to** leave at all.
future	When **will** Kevin **have to** go then? He **will have to** leave tomorrow morning.	Well, he **won't have to** go tonight.

- *Must* und *needn't* können nur im *present tense* verwendet werden. Für die anderen Zeiten muß man eine Form von *have to* gebrauchen.
- Fragen und Verneinungen mit *have to* werden im *present tense* mit *do/does* und im *past tense* mit *did* gebildet.

Possessivbegleiter und Possessivpronomen
Possessive determiners and possessive pronouns

possessive determiners + nouns	possessive pronouns	
Where's **my pen**? – Is that it?	No, that isn't **mine**.	… meiner.
Is that **your ruler**?	It doesn't really look like **yours**.	… deins …
Ralph has lost **his books**.	Well, these aren't **his**.	… seine.
No, I think those are Peggy's books.		
They look like **her books**.	Yes, they must be **hers**.	… ihre …
These are **our exercise books**.	And those are **ours**, too.	… unsere.
Are these **your school-bags**,	Or are **yours**	… eure.
Ben and Harry?	still outside?	
No, these aren't **their school-bags**.	They can't find **theirs**.	… ihre …

Possessivbegleiter und Possessivpronomen geben an, (zu) wem jemand oder etwas gehört.

- Wenn ein Nomen folgt, steht der Possessivbegleiter (*possessive determiner*).
- Wenn man das Nomen wegläßt, weil es bereits genannt wurde oder mitverstanden wird, so steht das Possessivpronomen (*possessive pronoun*).

⚠ Alle Formen des Possessivpronomens außer der ersten Person (*mine*) enden auf *-s*.

Unit 2

§ 4 Das Past Progressive und das Simple Past

Wenn man ausdrücken will, daß in der Vergangenheit etwas geschah oder ablief, verwendet man das *simple past* oder das *past progressive*.

Hintergrundhandlung: past progressive	Neu einsetzende Handlung: simple past
While the Blundens **were sitting** at the breakfast table,	the postman **came**.
He **was showing** Rachel a postcard	when the telephone **rang**.
While Rachel **was talking** on the phone,	her mother **called** her.
(She **was talking** on the phone	when her mother **called** her.)

Das *past progressive* wird gebildet aus *was/were* (dem *past tense* von *to be*) und der *ing*-Form.
* Das *past progressive* betont, daß ein Vorgang gerade ablief und somit noch nicht abgeschlossen war.
* Oft beschreibt das *past progressive*, was gerade vor sich ging und noch nicht zu Ende war, als ein neues Ereignis eintrat. Es beschreibt also eine Art „Hintergrundhandlung", während das *simple past* ausdrückt, daß sich etwas Neues ereignete.

⚠ Im Deutschen gibt es diesen Unterschied nicht:
While the Blundens **were having** breakfast, the doorbell **rang**.
Während die Blundens **frühstückten, klingelte** es.

§ 5 Die Grundzahlen 1 000–1 000 000
The cardinal numbers 1,000–1,000,000

1,000	a/one thousand
1,001	a/one thousand and one
1,500	one thousand five hundred
4,188	four thousand one hundred and eighty-eight
11,015	eleven thousand and fifteen
655,080	six hundred and fifty-five thousand and eighty
740,514	seven hundred and forty thousand five hundred and fourteen
800,740	eight hundred thousand seven hundred and forty
999,999	nine hundred and ninety-nine thousand nine hundred and ninety-nine
1,000,000	a/one million

Jahreszahlen:

ten sixty-six	1066
twelve fifteen	1215
sixteen forty-nine	1649
nineteen hundred	1900

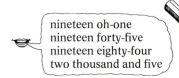

nineteen oh-one	1901
nineteen forty-five	1945
nineteen eighty-four	1984
two thousand and five	2005

Vergleiche: I'm going to visit the USA **in 1992**.
Ich habe vor, die USA **1992/im Jahre 1992** zu besuchen.

⚠ Große Zahlen werden ab Tausend durch ein Komma abgeteilt. Englisch   12,536
Deutsch   12 536 *oder* 12.536

Das Adverb

Im Deutschen sind Adjektive und Adverbien formgleich, z. B.:
Sie ist **schön** (Adjektiv).
Sie singt **schön** (Adverb).
Im Englischen dagegen haben sie unterschiedliche Formen.

adjective	adverb
He is a **careful** driver. This is a **dangerous** corner. She was **nervous**. Don't be so **slow**. This is **bad**. The exercise is **easy**.	He drives **carefully**. The boy cycled round the corner **dangerously**. She talked **nervously**. He read the letter **slowly**. You have done this **badly**. You can **easily** do it.

- Adjektive geben an, wie jemand oder etwas ist.
- Ein Adjektiv steht vor einem Nomen oder nach dem Verb *to be*.

- Adverbien geben an, wie etwas getan wird. Sie geben Antwort auf Fragen mit *how*: *How does she drive?*
  She drives **carefully**.
- Adverbien der Art und Weise (*adverbs of manner*) werden meistens mit der Endung *-ly* von Adjektiven abgeleitet:
  careful + -ly → carefully
  nice + -ly → nicely

 Beachte beim Schreiben:

adjective:	terrible	suitable	angry	happy	easy
adverb:	terribly	suitably	angrily	happily	easily

⚠ Beachte die Sonderformen:

good	fast	hard
well	fast	hard

Die Stellung von Adverbien im Satz
The position of adverbs in the sentence

front position	subject	auxiliary	mid position	verb + object	end position
	The Sheriff of Nottingham	could	**easily**	see the outlaws.	
	They	were	**busily**	cooking their meal.	
	The Sheriff and his men			watched them	**carefully.**
	The Sheriff			smiled	**nervously.**
	He			knew those outlaws	**well.**
Excitedly	the Sheriff			whispered something to his men.	
	They		**quickly**	picked up their bows.	

- Die Adverbien der Art und Weise (*adverbs of manner*) kommen sehr häufig am Ende des Satzes vor.
- Stehen sie in der Mitte des Satzes, so stehen sie direkt vor dem Vollverb (*verb*) oder zwischen Hilfsverb (*auxiliary*) und Vollverb.
- Adverbien der Art und Weise erscheinen nur dann am Anfang des Satzes, wenn sie stark betont werden sollen.

⚠ Adverbien stehen nie zwischen Vollverb und Objekt.   Vergleiche: She speaks French very well.
Sie spricht sehr gut Französisch.

§ 8 **Die Steigerung des Adverbs**   The comparison of adverbs

Die Steigerung der Adverbien erfolgt wie die Steigerung bei Adjektiven. Vergleiche:

einsilbige Adjektive	einsilbige Adverbien	mehrsilbige Adjektive	mehrsilbige Adverbien
long	fast	famous	carefully
long**er**	fast**er**	**more** famous	**more** carefully
long**est**	fast**est**	**most** famous	**most** carefully

Firemen sometimes drive **dangerously**. Bill Pushy drives **more dangerously**. But Peggy drives **most dangerously** of all.	• Adverbien mit der Endung *-ly* haben zwei oder mehr Silben. Sie werden daher mit *more* und *most* gesteigert.
A cat can run very **fast**. Some dogs can run **faster**. But a cheetah can run **fastest** of all.	• Einsilbige Adverbien werden mit *-er/-est* gesteigert.
Harry can't swim **well**. Ben can swim much **better**. And Peggy can swim **best** of all.	• Die Steigerungsformen von *well* lauten *better* und *best*. (Vgl. die Steigerung des Adjektivs: *good – better – best*)
Mrs Alassio sings **badly**. Old Jeff sings even **worse**. But Buddy sings **worst** of all.	• Die Steigerungsformen von *badly* lauten *worse* und *worst*. (Vgl. die Steigerung des Adjektivs: *bad – worse – worst*)

Unit 3

§ 9 ‚Will you?' und ‚Would you?'   Unit 3 Step A

Will you shut the window, (please)? – All right. **Will you** lend me your tin-opener? – Yes, of course. **Will you** pass me the salt, please? – Here you are.	Machst du/Machen Sie (bitte) das Fenster zu? Leihst du/Leihen Sie mir deinen/Ihren Dosenöffner? Reichst du/Reichen Sie mir bitte das Salz?
Would you help me (please)? – Yes, of course. **Would you** give her the letter? – Yes, certainly. **Would you** like to go for a walk with me? – Yes, I'd like to very much. And what about you? **Wouldn't you** like to come, too? – No, thanks.	Würdest du/Würden Sie mir (bitte) helfen? Würdest du ihr den Brief geben? Möchtest du mit mir spazierengehen? Möchtest du nicht auch mitkommen?

- • Fragesätze mit *Will you?* und *Would you (please)?* drücken eine höfliche Bitte oder einen Wunsch aus.
- • Mit *Would you like (to)…?* kann man eine Einladung oder ein Angebot ausdrücken.
- • Fragen mit *Would you?* sind höflicher als solche mit *Will you?*

Shall I? Shall we?

It's so hot in here. **Shall I** open the window?	Soll ich…?
The weather's lovely. **Shall we** have a picnic?	Sollen wir…?
Yes, let's. Where **shall we** go?	Wohin sollen wir/wollen wir…?

Fragen mit *Shall I?* und *Shall we?* sind sinnvoll, wenn es darum geht:

* den Wunsch des Gesprächspartners zu erfahren,
* ihm einen Vorschlag zu machen oder
* ihn um einen eigenen Vorschlag zu bitten.

,Should' und ,ought to'

People **ought to/should** drive more carefully.	…sollten…
He **ought not to/should not** speak to us like that.	…sollte nicht…
You **ought to/should** go to bed earlier.	…solltet…
We know we **ought to/should** but we always watch TV so long.	…daß wir das (tun) sollten…
You **ought not to/should not** eat so much, Christine.	…solltest (eigentlich) nicht…
I know I **ought not to/shouldn't**.	…daß ich das (eigentlich) nicht (tun) sollte.

* *Should* und *ought to* drücken wie das deutsche *sollte* (oder *sollte eigentlich*) einen Rat, eine Ermahnung oder eine Verpflichtung aus.
* Die Formen *should/shouldn't* und *ought to/ought not to (oughtn't to)* sind bei allen Personen gleich.

Bedingungssätze
Conditional sentences

Ein Bedingungssatz besteht aus einem *if*-Satz und einem Hauptsatz.
Der *if*-Satz drückt eine Bedingung aus. Der Hauptsatz drückt aus, was passiert oder passieren würde, falls diese Bedingung erfüllt wird.
Bedingungssätze können entweder mit dem *if*-Satz oder mit dem Hauptsatz beginnen.

I. Erfüllbare Bedingungen

if-Satz (if-clause)	Hauptsatz (main clause)
If the sun **shines** tomorrow,	we'**ll climb** Ben Nevis.
And if it **rains**,	I'**ll catch** the next train home.
If he **doesn't want to** come with us,	we'**ll go** on our own.
If you **don't hurry**,	we **won't have** time to do it today.

* Steht im *if*-Satz das *simple present*, so steht im Hauptsatz meist das *will*-Futur.
* Der *if*-Satz im *simple present* drückt aus, daß die Bedingung erfüllbar ist.

⚠ Obwohl sich die Bedingung oft auf die Zukunft bezieht, darf im *if*-Satz nie das *will*-Futur stehen.

II. Nicht erfüllbare oder nur theoretisch erfüllbare Bedingungen

if-Satz (if-clause)	Hauptsatz (main clause)
Fiona: If I **played** tennis a lot, If I **was/were** a good player, If I **went** all over the world, *Kate:* If you **didn't dream** all day, If I **were** you,	I **would** soon **be** a good player. I **wouldn't stay** here in Perth. I **would go** all over the world. I **would make** a lot of money. you**'d have** more time for your tennis. I**'d go** and **practise** now.

- Steht im *if*-Satz das *past tense*, so steht im Hauptsatz *would* + Infinitiv (*conditional*).
- Hält der Sprecher die Bedingung für wahrscheinlich nicht erfüllbar oder den Tatsachen widersprechend, so steht im *if*-Satz das *past tense*. Im Deutschen verwendet man hier den Konjunktiv.

  If I had a lot of money, . . .   Wenn ich eine Menge Geld hätte, . . .
  If I lost my purse, . . .   Wenn ich mein Portemonnaie verlöre, . . .

- Bei den Personen *I, he, she* und *it* wird neben dem *past tense* von *to be (was)* auch die Form *were* verwendet.

- In der Redewendung *If I were you* steht immer *were.*

⚠ *Would* ist im *if*-Satz nicht üblich!

§13 ‚May‘ und [‚might‘]   Unit 3 Step B

a) ‚may‘

Timmy: Where's Ronny?
Mrs Bennett: I don't know. He **may** be upstairs.
     Or he **may** be in town with Dad.
Timmy: Will Dad be back soon?
Mrs Bennett: No idea. He **may.**
     But he **may not** come back
     until this evening.
	
	Er kann oben sein./Er ist vielleicht oben.
	Oder es kann sein, daß er . . ./Vielleicht ist er . . .
	
	Vielleicht./Kann sein.
	Er kommt vielleicht nicht . . ./Es kann sein, daß . . .

Wir kennen *may* schon als Hilfsverb, mit dem man ausdrücken kann, daß etwas erlaubt ist. (Vgl. § 2)
- *May* und *might* können auch ausdrücken, daß etwas möglicherweise der Fall ist.

[b) ‚might‘]

Fiona: Let's climb Ben Bracken again
    next week. We **might** see the eagles
    again.
Kate: Good idea. They **might** even have
    young ones by then.
	Wir könnten (vielleicht) . . ./Es könnte
	möglich sein, daß . . .
	
	Sie könnten (vielleicht) sogar . . .

- Bei *might* erscheint die Möglichkeit, daß der Fall eintritt, weniger wahrscheinlich als bei *may.*

Unit 4

Das Pronomen auf ,-self, -selves'

Die *self*-Pronomen kommen als verstärkende Pronomen und als Reflexivpronomen vor.

1. Verstärkender Gebrauch

You needn't help me. **I** can do it	**myself.**
Could you ring up Ronny for me? – Why don't **you** ring him up	**yourself?**
Your garage is a nice colour. Yes, **Dad** painted it	**himself.**
The taxi runs much better now. **Mum** repaired it	**herself.**
Where did you buy that super kite? – We didn't buy it. **We** made it	**ourselves.**
Can you help us with the German homework, Barbara? – OK. But **you** really ought to do it	**yourselves.**
Kevin and Kate didn't leave us any chocolate. **They** ate it all	**themselves.**

Mit dem verstärkenden Pronomen auf *-self, -selves* kann man eine Person im Satz besonders hervorheben (*I … myself*, usw.). Es entspricht dem deutschen *selbst/allein*.
- Die Singularformen enden auf *-self* (myself, yourself, himself, herself, itself).
- Die Pluralformen enden auf *-selves* (ourselves, yourselves, themselves).

⚠ Beachte den Unterschied: *yourself* – du … selbst
  yourselves – ihr … selbst

2. Reflexiver Gebrauch

subject	object	
I'm so angry, **I** could hit	**myself.**	… mich …
Well done, Barbara! **You** can be pleased with	**yourself.**	… mit dir …
Ben won't be able to play. **He** has injured	**himself.**	… sich …
She often talks to	**herself.**	… mit sich selbst …
Look at that budgie. **It's** cleaning	**itself.**	… sich …
You needn't worry, Dad. **We** can look after	**ourselves.**	… auf uns selbst …
Well done, you two. **You** can be pleased with	**yourselves.**	… mit euch …
They are terrible. **They** always invite	**themselves.**	… sich selbst …

- Das Reflexivpronomen kann *Objekt* im Satz sein. Dann bezieht es sich auf das Subjekt und entspricht im Deutschen meist den Objektpronomen *mich/mir (selbst)* usw.

⚠ Vergleiche: **I** didn't invite **him.**   ihn.
  He invited **himself.**   sich (selbst).

  I often talk **to myself.**   mit mir (selbst).

§15 Das reziproke Pronomen ‚each other‘
The reciprocal pronoun 'each other'

They haven't seen	**each other** for months.	… sich …
Kate and Kevin were talking to	**each other**.	… miteinander …
Julia und Robert helped	**each other**.	… sich (gegenseitig).

- Das reziproke Pronomen *each other* drückt aus, daß zwischen verschiedenen Personen eine wechselseitige Beziehung besteht. Im Deutschen wird es mit *sich, einander, gegenseitig* wiedergegeben.
- Statt *each other* kann man auch das reziproke Pronomen *one another* verwenden, besonders wenn es sich um mehr als 2 Personen handelt.

Vergleiche:

They are looking at **themselves** *in the mirror.*   *They are looking at* **each other.**

§16 Notwendige Relativsätze   Defining relative clauses

Notwendige Relativsätze bestimmen ihr Bezugswort näher.

Bezugswort   Notwendiger Relativsatz

This is the teacher | who looks after the language lab. |

Der Relativsatz legt fest, welcher Lehrer genau gemeint ist.
Anders als im Deutschen wird der notwendige Relativsatz nicht durch ein Komma vom Hauptsatz getrennt. Beim Sprechen macht man *keine* Pause zwischen Hauptsatz und notwendigem Relativsatz.

a) ‚Who‘, ‚which‘, ‚that‘ als Subjekt des Relativsatzes

	subject		
William Hughes is the young man	**who/that** has come from Wales.		… der junge Mann, der …
There is a meeting for all the pupils	**who/that** want to go on the trip.		… die Schüler, die …
Some pupils have lunch in the cafeteria	**which/that** belongs to the school.		… die …
In Germany there aren't many schools	**which/that** have school uniform.		… Schulen, die …

- *Who* bezieht sich nur auf Personen.
- *Which* bezieht sich nur auf Dinge.
- *That* bezieht sich auf Personen und Dinge.
- *Who, which* und *that* bestimmen Bezugswörter im Singular und im Plural näher.

b) ‚Who‘, ‚which‘, ‚that‘ als Objekt des Relativsatzes

	object		
The man	**who/that** you can see in this picture	is our headmaster.	… der Mann, den …
Hockey is the game	**which/that** British school girls usually play.		… das Spiel, das …

- Neben *who* als Objekt wird auch *whom* verwendet:
  The girl **whom** *you can see in this photo is president of the drama club.*
  Das Relativpronomen *whom* wird vorwiegend in der Schriftsprache gebraucht und klingt sehr förmlich.

Relativsätze ohne Relativpronomen
Contact clauses

	object		
Mr Abernathy is the teacher	who/that	Barbara likes best.	…der Lehrer, den…
Mr Abernathy is the teacher	–	Barbara likes best.	
Home Economics is a subject	which/that	boys and girls take.	…ein Fach, das…
Home Economics is a subject	–	boys and girls take.	

- Wenn das Relativpronomen **Objekt** im notwendigen Relativsatz ist, wird es sehr häufig weggelassen.
- Relativsätze **ohne** Relativpronomen nennt man *contact clauses*, weil sie sich direkt an das Bezugswort anhängen. Sie sind vor allem im Umgangsenglisch üblich.

Whose

Relativsätze können durch Relativpronomen oder durch den Relativbegleiter *whose* + Nomen eingeleitet werden.

This is the girl **whose** picture was in all the newspapers.	…das Mädchen, **dessen**…
There aren't many schools **whose** cafeterias are as nice as ours.	…Schulen, **deren**…

- *Whose* kann für Personen oder Dinge verwendet werden und drückt Besitz oder Zugehörigkeit aus.

Präpositionen im notwendigen Relativsatz

This is the room		Miss Boyle teaches **in**.	…der Raum,
This is the room	**that**	Miss Boyle teaches **in**.	**in dem**…
This is the room	**which**	Miss Boyle teaches **in**.	
This is the room	**in which**	Miss Boyle teaches.	
Most of the pupils		Julia goes to school **with** are in a club.	…Schüler,
Most of the pupils	**that**	Julia goes to school **with** are in a club.	**mit denen**…
Most of the pupils	**who**	Julia goes to school **with** are in a club.	
Most of the pupils	**with whom**	Julia goes to school are in a club.	
Do you know the girl		I was talking **to** during Assembly?	…das Mädchen,
Do you know the girl	**that**	I was talking **to** during Assembly?	**mit dem**…
Do you know the girl	**who**	I was talking **to** during Assembly?	
Do you know the girl	**to whom**	I was talking during Assembly?	

- Im notwendigen Relativsatz steht die Präposition meist hinter dem Verb (oder seinem Objekt).
- Das Relativpronomen wird häufig weggelassen (*contact clause*).
- In *contact clauses* und in Relativsätzen mit *who* und *that* **muß** die Präposition hinter dem Verb (oder seinem Objekt) stehen.
- In der Schriftsprache erscheint die Präposition auch vor dem Relativpronomen (*in which*, *to whom*).

Unit 5

The infinitive after question words

		question word	infinitive
Tourists often	don't know wonder aren't sure have no idea	**whether** **which** route **what** **how** **how much** English money **where**	**to go** by plane or by ferry. **to take.** **to take** with them. **to go** through British customs. **to take.** **to get** a good meal.

- Der Infinitiv mit *to* nach Fragewörtern (*what, how* etc) ersetzt indirekte Fragen mit *can, should* oder *must*:

Tourists often don't know

question word
where
where

they can get
to get
infinitive

a good meal.

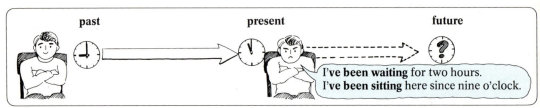

past   present   future

I've **been waiting** for two hours.
I've **been sitting** here since nine o'clock.

- Das *present perfect progressive* wird gebildet aus *have been/has been* und der *ing*-Form: *I have been waiting; he has been waiting.*
- Es bezeichnet einen Vorgang, der in der Vergangenheit anfing, noch nicht beendet ist oder eben erst zu Ende gegangen ist. (Der Patient kam um 9 Uhr. Seitdem wartet er nun schon zwei Stunden lang. Es ist möglich, daß er noch länger warten muß.)
- Die Dauer dieses Vorgangs wird oft mit *for* oder *since* angegeben.
- Im Deutschen benutzen wir meist das Präsens und unterstreichen die Dauer des Geschehens häufig mit *schon*: *I've been sitting here since nine o'clock.*
    Ich **sitze** hier **schon** seit neun Uhr.

,for' und ,since'

How long?	Helicopters **have been searching** the bay **for hours.** Jim **has been waiting** at the Lifeboat Station **for a long time.** The National Lifeboats **have been saving** lives **for many years.**	...suchen schon stundenlang... ...wartet schon eine lange Zeit... ...retten schon viele Jahre lang...

Since when?	Lifeboats **have been looking** for the children **since two o'clock.** The weather **has been getting** worse **since the early afternoon.** Jim's brother **has been working** for the Lifeboats **since 1975.**	...suchen...(schon) seit zwei Uhr. ...wird seit dem frühen Nach- mittag immer schlechter. ...arbeitet (schon) seit 1975...

- *For* bezieht sich auf den $\boxed{\text{Zeitraum}}$, den eine Handlung bereits andauert:

for $\begin{cases} ten\ minutes \\ three\ hours \\ weeks \\ a\ few\ months \\ a\ long\ time \end{cases}$

- *Since* bezieht sich auf den $\boxed{\text{Zeitpunkt}}$, an dem die Handlung begann:

since $\begin{cases} half\ past\ one \\ last\ Monday \\ November \\ 1985 \\ I\ was\ ten \end{cases}$

 Verben wie *to be, to know* und *to belong to* kommen **nicht** in der *progressive form* vor, weil sie keine Handlung im Verlauf, sondern einen Zustand bezeichnen.

> I**'ve been** with the Lifeboats **since my last day at school.**
> She**'s known** him **for years.**
> The castle **has belonged to** the family **since 1776.**

Unit 6

§ 22 Aktiv und Passiv   Active and passive voice

Unit 6 Step A

active voice	passive voice
The ambulance **rushes** the man to hospital.	**The man** **is rushed** to hospital.

Passivsätze stellen eine Handlung aus anderer Sicht dar als Aktivsätze.
Während in dem Satz *The ambulance rushes the man to hospital* der Krankenwagen Subjekt des Aktivsatzes ist und somit im Vordergrund steht, liegt die Betonung im Passivsatz auf *the man.* Wer sich genau um den Mann kümmert, ist hier nicht von Interesse.

a) Simple present passive

Patients **are woken up** at 6. Temperatures **are taken** at 6.30. Breakfast **is served** at 7. Beds **are made** at 7.30.	Die Patienten werden um 6 Uhr geweckt. Fieber wird um 6.30 gemessen. Das Frühstück wird um 7 Uhr serviert. Die Betten werden um 7.30 gemacht.

- Das Passiv des *simple present* wird gebildet aus *am/is/are* und dem *past participle.*
- Das Passiv wird vor allem dann verwendet, wenn man den Handelnden nicht nennen kann oder will, weil er nicht bekannt oder unwichtig ist.
- Passivsätze kommen häufig in Zeitungsberichten, in historischen Berichten und in technischen Beschreibungen vor.

b) Passivsätze mit by-agent

Will man auch im Passivsatz den Verursacher einer Handlung nennen, so *kann* man es mit Hilfe des *by-agent* tun.

In an accident, injured people **are** first **examined** Operations **are done** Then the patients **are looked after**	**by the ambulance men.** **by a team of doctors.** **by the nurses.**

Vergleiche:

	subject		**object**
Aktiv:	A team of doctors	examines	the patient.

	subject		**by-agent**
Passiv:	The patient	is examined	by a team of doctors.

19

c) **Simple past passive**

> In 1912 the Titanic sank because it **was hit** by an iceberg.
> Only a third of the passengers **were rescued.**
>
> Some of the survivors **were picked up** by the Carpathia.
> In 1985 the Titanic **was discovered** on the bottom of the Atlantic.

- Das Passiv des *simple past* wird gebildet mit *was/were* und dem *past participle*. Es steht häufig mit Zeitangaben der Vergangenheit.

§ 23 **Das Gerund**   The gerund

Das Gerund wird aus der Stammform des Verbs und der Endung *-ing* gebildet:

> play + ing = playing
> sail + ing = sailing

> tak¢ + ing = taking
> rid¢ + ing = riding

> sit + t + ing = sitting
> run + n + ing = running

a) **Das Gerund als Subjekt**

> **Riding** is fun.   (Reiten macht Spaß.)
> **Playing** chess is an interesting hobby.
> **Helping** in the garden can be hard work.
> **Working** all day isn't always nice.

- Das Gerund verhält sich teils wie ein Nomen und teils wie ein Verb. Wie ein Nomen kann es Subjekt des Satzes sein.
  Vergleiche: **Horses** are nice.   **Riding** is fun.

- Wie ein Verb kann das Gerund aber auch ein Objekt (Playing **chess**...) oder eine Orts- oder Zeitangabe (Helping **in the garden**..., Working **all day**...) bei sich haben.

b) **Das Gerund als Objekt**

I like **cooking.**	Ich koche gern.
He hates **writing** letters.	Er schreibt sehr ungern Briefe.
She enjoys **reading** comics.	Sie liest gern Comics.
We love **swimming** in the lake.	Wir schwimmen sehr gern im See.
They have stopped **singing.**	Sie haben aufgehört zu singen.

- Das Gerund kann auch – wie ein Nomen – Objekt im Satz sein. Nach bestimmten Verben kann somit entweder ein Nomen oder ein Gerund als Objekt stehen.
  Vergleiche: I like **books.**   I like **reading.**
  He loves **the mountains.**   He loves **climbing mountains.**

- Häufig verwendet man Verb + Gerund, um auszudrücken, was man gern oder ungern tut.

§ 24 **Das Adjektiv nach ,feel', ,look', ,smell', ,sound', ,taste'**   Unit 6 Step C
Adjectives after 'feel', 'look', 'smell', 'sound', 'taste'

Kevin: Look at those steaks. Don't they **look good?**	Sehen sie nicht gut aus?
Kate: Yes, they do. Mm, I really **feel hungry** now.	Ich habe jetzt wirklich Hunger.
Kevin: Come on, let's have some. They **smell fantastic.**	Sie riechen phantastisch.
I bet they **taste wonderful,** too.	Ich wette, daß sie auch wunderbar
Kate: How much money have you got?	schmecken.
Kevin: Hm, I've got 75 p.	
Kate: 75 p? Oh dear! That doesn't **sound** too **good.**	Das klingt nicht besonders gut.

- Nach einigen Verben, die Sinneswahrnehmungen ausdrücken, steht das Adjektiv, nicht das Adverb.

- Solche Verben der Wahrnehmung (*to look, to feel* usw.) können durch Formen von *to be* ersetzt werden. Wie *to be* bedürfen sie auch einer *Ergänzung* wie *good, fine, awful* usw.

Vergleiche:

Sinneswahrnehmung + Adjektiv	**Tätigkeit + Adverb**
The soup *tasted awful*. Die Suppe **schmeckte** scheußlich.	The cook *tasted* the soup *carefully*. Der Koch **probierte** die Suppe vorsichtig.
When Peter goes to school, Bonzo *looks sad*. …**sieht** Bonzo traurig **aus**.	He always *looks* at Peter *sadly*. Er **schaut** Peter immer traurig **an**.

Der Infinitiv des Passiv
The passive infinitive

active voice				passive voice			
	auxiliary		infinitive			auxiliary		infinitive
You	**must**		**shut** these doors.	These doors	**must**		**be shut.**
You	**can** easily	**do** this.	This	**can** easily	**be done.**
You	**should**		**open** the windows.	The windows	**should**		**be opened.**

- Nach Hilfsverben steht im Aktivsatz der Infinitiv Aktiv (*shut, do, open*), im Passivsatz steht der Infinitiv Passiv (*be shut, be done, be opened*).

Unit 7

Übersicht: Simple Form und Progressive Form   Unit 7 Step A

1. Formen

	simple	progressive
present	She **plays** She **doesn't play** **Does** she **play**? **Doesn't** she **play**?	She **is playing** She **isn't playing** **Is** she **playing**? **Isn't** she **playing**?
present perfect	She **has played** She **hasn't played** **Has** she **played**? **Hasn't** she **played**?	She **has been playing** She **hasn't been playing** **Has** she **been playing**? **Hasn't** she **been playing**?
past	She **played** She **didn't play** **Did** she **play**? **Didn't** she **play**?	She **was playing** She **wasn't playing** **Was** she **playing**? **Wasn't** she **playing**?

2. Gebrauch

simple form	**present**	progressive form
a) Mandy and her father **live** in Aberdeen. Her father **works** for an oil company. He **drives** to work every morning. b) First Mandy **gets up**, then she **goes** to the bathroom. After that she **has** breakfast and then she **goes** to school.		What **are** you **doing** Mandy? **I'm making** breakfast.
Mit dem *simple present* werden zwei verschiedene Arten von Handlungen beschrieben: a) **Gewohnheitsmäßige Handlungen** Mit dem *simple present* wird ausgedrückt, daß etwas regelmäßig, oft, immer, manchmal oder nie geschieht. b) **Aufeinanderfolgende Handlungen** Man verwendet das *simple present*, um Handlungen zu erzählen, die nacheinander geschehen.		Mit dem *present progressive* werden Vorgänge beschrieben, die noch nicht abgeschlossen sind. Diese Form drückt auch aus, daß jemand jetzt/gerade/im Moment dabei ist, etwas zu tun.

simple form	**present perfect**	progressive form
Have you **tidied** up your bedroom? Yes, I **have**. You can look at it if you like. But I **haven't done** my homework yet. I simply **haven't had** enough time.		Well, **have** you **been listening** to your records all afternoon? No, I **haven't**. **I've been working** in the kitchen for hours, and I've had enough of it now.
Mit dem *present perfect simple* drückt man die Wirkung einer vergangenen Handlung auf die Gegenwart aus. Wichtigstes Merkmal des *present perfect* ist also das Ergebnis, nicht die vergangene Handlung.		Das *present perfect progressive* bezeichnet einen Vorgang, der in der Vergangenheit anfing, noch nicht beendet ist oder eben erst zu Ende gegangen ist. Mit dem *present perfect progressive* wird betont, daß der Vorgang eine Weile gedauert hat.

simple form	**past**	progressive form
Last month Mr Andrews **bought** a video recorder. Yesterday the thing **broke down**. Mr Andrews **wanted** to take it back to the shop. But there **was** so much traffic that he **didn't get** there in time.		Mr Andrews **was driving** into Aberdeen, when it started to rain. While he **was getting** out of the car, he suddenly heard a voice. When he got to the shop, a man **was locking** the door.
Das *simple past* drückt Ereignisse oder Handlungen aus, die in der Vergangenheit liegen und abgeschlossen sind.		Das *past progressive* betont, daß ein Vorgang gerade ablief und noch nicht abgeschlossen war. Es steht oft in Sätzen im Kontrast zu abgeschlossenen (neu eintretenden) Handlungen.

Bestätigungsfragen   Question tags   **Unit 7 Step B**

⊕	⊖	⊖	⊕
It**'s** half past ten, **isn't it?**		It **isn't** too late, **is it?**	
We **are** still in time, **aren't we?**		We **aren't** late, **are we?**	
Mandy **was** busy yesterday, **wasn't she?**		But she **wasn't** angry, **was she?**	
She **has** got a lot to do, **hasn't she?**		She **hasn't** got much time for herself, **has she?**	
Mr Andrews **can** look after himself, **can't he?**		But he **can't** go to work, **can he?**	
Tomorrow he **will** be able to get up again, **won't he?**		Yes, but he **won't** be able to go back to work, **will he?**	
Mandy and her father **live** in Aberdeen, **don't they?**		They **don't** know the Wilsons, **do they?**	
Mr Andrews **works** for Britoil, **doesn't he?**		He **doesn't** work on an oil-rig, **does he?**	
Last year Mandy and her father **went** to London, **didn't they?**		But they **didn't** see the Queen, **did they?**	

Im Deutschen erwartet der Sprecher Zustimmung oder Bestätigung mit Ausdrücken wie *nicht?/nicht wahr?/oder?/oder nicht?* Im Englischen werden solche Bestätigungsfragen folgendermaßen gebildet:
- In Aussagesätzen mit *Hilfsverben* werden diese zusammen mit dem Subjekt des Satzes in der Bestätigungsfrage wieder aufgegriffen. (Das Subjekt taucht als Pronomen wieder auf.)
- Steht im Aussagesatz ein *Vollverb*, so wird es in der Bestätigungsfrage durch *do/does* und *did* ersetzt.
- Ist der Aussagesatz bejaht, so wird die Bestätigungsfrage verneint.
- Ist der Aussagesatz verneint, so wird die Bestätigungsfrage bejaht.

⚠ **Intonation:**

Bestätigungsfragen werden mit steigendem Stimmton (steigender Intonation) gesprochen, wenn der Sprecher vom Gesprächspartner eine zustimmende Antwort oder eine Bestätigung seiner Aussage erwartet.

Fallender Stimmton bedeutet: Einer Aussage wird lediglich Nachdruck verliehen, eine bestätigende Antwort wird nicht unbedingt erwartet.

It's half past nine, isn't it? – Yes, it is.

It's a lovely day, isn't it?

Mandy can come tomorrow, can't she? – Yes, of course.

She sings beautifully, doesn't she?

3] Das Present Progressive in futurischer Bedeutung   **Unit 7 Step C**
The present progressive with future meaning

> *Alison:* Would you like to play tennis with me, Mandy?
> What **are** you **doing** tomorrow afternoon?
> *Mandy:* Tomorrow afternoon the TV men **are coming** to repair the TV.
> *Alison:* What about Thursday? **Are** you **doing** anything special then?
> *Mandy:* We**'re practising** for the school play.
> But what about Friday? I**'m not doing** anything then.

- Wenn man ausdrücken will, daß etwas beabsichtigt, fest geplant oder vereinbart ist, kann man das *present progressive* verwenden, um zukünftige Ereignisse zu beschreiben.

- Verwechslungen mit gegenwärtigen Handlungen sind ausgeschlossen, wenn man eine Zeitbestimmung der Zukunft benutzt (*tomorrow, next week, on Friday afternoon...*).
- Dies erübrigt sich, wenn aus dem Sinnzusammenhang klar hervorgeht, daß es sich um etwas Zukünftiges handelt.

⚠ Die Unterschiede zwischen *going to* und dem *present progressive* sind gering:

I'm going to play tennis with Alison on Friday.
betont die Absicht des Sprechers.

I'm playing tennis with Alison on Friday.
betont, daß das Spiel fest vereinbart worden ist.

Unit 8

§ 29 **Verben mit zwei Objekten**
Verbs with two objects

Zahlreiche Verben können oder müssen zwei Objekte haben.
Zu ihnen gehören: *to give, to lend, to offer, to pass, to read, to send, to show, to tell, to write.*

subject	verb	ind. object	direct object
He	gave	Peter	the ball.
Mrs Bennett	read	Timmy	a story.
Ben	will send	us	another letter.
Perhaps he	will tell	us	some new jokes.

- Das indirekte Objekt (meistens eine Person) steht im allgemeinen vor dem direkten Objekt (meistens eine Sache).
- Wenn das indirekte Objekt jedoch stärker betont werden soll oder wenn es sehr lang ist, steht es hinter dem direkten Objekt, dann allerdings mit *to*:

subject		verb	direct object	indirect object
She	only	offered	the chocolate	to Fiona (and not to the others).
Alan		told	his story	to a reporter from a sports magazine.

- Wenn beide Objekte Pronomen sind, wird im allgemeinen die Reihenfolge 1. direktes Objekt 2. indirektes Objekt vorgezogen.

verb	direct object	indirect object
Give	it	to him.
Show	them	to her.

[§ 30] **Adjektive und Stützwort**   Adjectives and prop-words

Anders als im Deutschen kann man im Englischen Adjektive nur sehr begrenzt als Nomen verwenden. Während man im Deutschen *der Arme, die Tote, der Kleine* usw. sagen kann, muß im Englischen dem Adjektiv ein Nomen wie *person, man, woman, boy, girl* folgen, wenn man eine einzelne Person bezeichnen will.

The rich man helped **the poor man.**	**Der Reiche** half **dem Armen.**
A clever person always knows what to do.	**Ein Kluger** weiß immer, was er tun muß.
The ambulance men put **the dead woman** on a stretcher.	Die Sanitäter legten **die Tote** auf eine Bahre.

⚠ Vergleiche auch: **The most important thing** is to have good friends.
Das Wichtigste ist, daß man gute Freunde hat.

1 Präpositionen
Prepositions

A plane is flying **over** the house.

There is a village **at the top of** the hill.

There is a tree **between** the two houses.

This tree is **in front of** the house.

This tree is **behind** the house.

There is a pond **at the bottom of** the hill.

She is **in** the house.

He is climbing **out of** the window.

There is a bus **on the right.** A girl is **at the back of** the bus.

There is a cat **on** the bus.

The girl is putting the bicycle **against** the tree.

She is going **into** the house **through** the front door.

He is running **across** the road.

Someone is getting **off** the bus

The tree is **on the left.**

A few apples have fallen **down from** the tree. They are **under** the tree.

The ball is **in the middle of** the road.

It is **near** the car.

A dog is running **after** a cat. They are running **round** the tree.

This car is going **towards** the house.

25

§ 32 **Die Zeiten** The tenses

ACTIVE		simple		progressive
present tense	I/you/we/they he/she/it	call calls	I he/she/it we/you/they	am is calling are
past tense	I/you/we/they he/she/it	called	I/he/she/it we/you/they	was calling were
present perfect	I/you/we/they he/she/it	have called has	I/you/we/they he/she/it	have been calling has
will-future	I/you/we/they he/she/it	will call		
conditional	I/you/we/they he/she/it	would call		

PASSIVE		simple
present tense	I he/she/it we/you/they	am is called are
past tense	I/he/she/it we/you/they	was called were

Green Line 4

Stopover A

Übersicht über die Zeiten   Revision of tenses

a) simple present

> Every day we **hear** voices from America.
>
> A lot of people **speak** Spanish in San Antonio.

- Das *simple present* wird für gewohnheitsmäßige Handlungen verwendet, d. h., wenn man ausdrücken will, daß etwas regelmäßig, oft, immer, manchmal oder nie geschieht.
- Das *simple present* bezeichnet ferner reine Sachverhalte und Tatsachen.

present progressive

> What **are** you **doing** at the moment? I**'m writing** a letter.
>
> Marc **is doing** a paper route this year. He **is earning** his own money.

- Mit dem *present progressive* werden Vorgänge beschrieben, die noch nicht abgeschlossen sind. Es dient der Schilderung von Vorgängen und Handlungen, die gerade ablaufen.
- Diese Vorgänge können auch über einen längeren Zeitraum ablaufen und im Moment des Sprechens unterbrochen sein.

b) present perfect simple

> I**'ve read** a very interesting book. (I can tell you all about it.)
>
> **Have** you *ever* **been** to the USA? Yes, I **have.** But I**'ve** *never* **been** to California. I **haven't had** the chance *yet.*

- Mit dem *present perfect simple* drückt man aus, daß eine Handlung, die in der Vergangenheit stattgefunden hat, von Bedeutung für die Gegenwart ist.
- In Fragen mit *ever* und Antworten mit *never* und *not yet* drückt das *present perfect simple* aus, daß bis jetzt etwas geschehen oder nicht geschehen ist.

present perfect progressive

> We**'ve been living** here *for* about a year now. Wir wohnen schon ungefähr ein Jahr lang hier. I**'ve been playing** the cello *since* I was ten. Ich spiele Cello seit meinem zehnten Lebensjahr.

- Das *present perfect progressive* bezeichnet einen Vorgang, der in der Vergangenheit anfing und in der Gegenwart noch andauert. Der Zeitraum für die Dauer des Vorgangs wird oft durch *since* oder *for* bestimmt.

c) simple past

> Birgit **went** to the USA last year.

- Das *simple past* drückt Ereignisse oder Handlungen aus, die in der Vergangenheit liegen und abgeschlossen sind.
- Es steht oft für neu eintretende Handlungen

past progressive

> She met a lot of young people while she **was staying** there.

- Das *past progressive* betont, daß ein Vorgang gerade ablief und noch nicht abgeschlossen war.
  im Kontrast zu im Ablauf befindlichen Vorgängen:

She **took** a photo | while she **was interviewing** him.

d) will-future

> Harry **won't be** in Enid much longer.
> *I hope* I **will get** my driver's license soon.
> I know what I**'ll do** – I**'ll lend** you my bike.

- Man kann das *will*-Futur verwenden, um über künftiges Geschehen Vorhersagen zu machen.
- Hoffnungen und Vermutungen werden häufig mit *I think, I hope, probably* + *will*-Futur ausgedrückt.
- Es kann auch verwendet werden, um einen spontanen Entschluß auszudrücken.

going to

> My mother **is going to get** me a new guitar.

- *Going to* wird verwendet, um Absichten, Vorhaben oder Pläne auszudrücken. Anders als bei einem spontanen Entschluß, deutet der Gebrauch von *going to* darauf hin, daß die Absicht schon länger besteht.

e) conditional sentences

Typ I: Erfüllbare Bedingungen

>   *present*   *will-future*
> If Marc **goes** to go to Florida, he **will need** some money.
> Wenn Marc nach Florida fährt, dann braucht er etwas Geld.

Typ II: Nicht erfüllbare oder nur theoretisch erfüllbare Bedingungen

>   *conditional*   *past*
> Garth **would be** better at basketball if he **worked** harder.
> Garth wäre besser im Basketballspielen, wenn er härter arbeitete.

§ 2 Das Past Perfect Simple

simple past
Mr Rosenbaum **saw** an article in a computer magazine. He **wanted** to cut it out the next day. Sarah **threw** the magazine away. Her dad **was** furious when he **found** out.

- Wenn mehrere Ereignisse in einer Erzählung der Reihe nach berichtet werden, so geschieht dies im *past tense* (*saw, wanted, threw . . .*)

- Soll zum Ausdruck kommen, daß ein Ereignis vor einem Vorgang im *past tense* liegt, so wird diese Vorzeitigkeit mit dem *past perfect* verdeutlicht.

(simple) past	past perfect	
Mr Rosenbaum **wanted** to cut out an interesting article.	He **had seen** it in a computer magazine the day before.	hatte ihn … gesehen.
He **was** furious when he **found out**	that Sarah **had thrown** it away.	… weggeworfen hatte.

- Das *past perfect* wird mit *had* und dem *past participle* gebildet. Es ist für alle Personen gleich.
- Das *past perfect* wird häufig in Nebensätzen der Zeit mit *when, as soon as* und *after* verwendet:
  When I **had finished** my homework I switched on the TV.

Unit 1

Das Conditional Perfect

I **would have called** the police.	Ich hätte die Polizei gerufen.
She **wouldn't have worried**.	Sie hätte sich keine Sorgen gemacht.
You **shouldn't have given** Mitzi anything to eat.	Du hättest Mitzi nichts zu essen geben sollen.
He **could have rung** up earlier.	Er hätte früher anrufen können.
They **might have said** something about the dog.	Sie hätten (vielleicht) etwas über den Hund sagen können.

- Das *conditional perfect (conditional II)* wird gebildet aus *would + have + past participle*.
- Anstelle von *would* können – mit entsprechendem Bedeutungsunterschied – auch *could, should* und *might* verwendet werden.

⚠ Alle ,*perfect*' Zeiten *(present perfect – I have seen; past perfect – I had seen; conditional perfect – I would have seen)* werden mit einer Form von *have* gebildet.

Bedingungssätze mit dem Conditional Perfect im Hauptsatz
Conditional sentences with the conditional perfect in the main clause

Typ III: Nicht erfüllbare Bedingungen (Vgl. § 1e) *conditional sentences*)

if-Satz (if-clause)	Hauptsatz (main clause)
If Sarah **hadn't spent** all her money, Wenn Sarah nicht ihr ganzes Geld ausgegeben hätte, If she **had asked** her dad, If her mom **hadn't washed** her jeans,	there **would have been** no problem. hätte es keine Probleme gegeben. he **might have given** her some money. she **could have put** them on.
past perfect	conditional perfect

- Steht im *if*-Satz das *past perfect*, so steht im Hauptsatz das *conditional perfect*.
- Der Sprecher weiß, daß die im *if*-Satz genannte Bedingung nicht mehr verwirklicht werden kann, da die Handlung in der Vergangenheit nicht wirklich stattfand:
  If I had asked him = I didn't ask him.
- Steht in Bedingungssätzen der *if*-Satz zuerst, so setzt man ein Komma.
- Falls die Folge einer Handlung in der Gegenwart noch gilt, kann im Hauptsatz anstelle des *conditional perfect* auch *would* + Infinitiv *(conditional)* verwendet werden:

past perfect	*would + infinitive*

If *you* **had taken** your medicine regularly, you **would feel** much better now.

⚠ '*d* ist die Kurzform von *had* und *would*:
He**'d** have come if he**'d** known. = He **would** have come if he **had** known.

§ 5 Das Past Perfect Progressive

Vorvergangenheit   past

We **had been walking** for two hours when it started to rain.

- Das *past perfect progressive* wird gebildet aus *had been* und der *ing*-Form.
  Es ist für alle Personen gleich.
- Das *past perfect progressive* drückt aus, daß eine Handlung vor einem Zeitpunkt in der Vergangenheit
  begonnen hatte und bis zu diesem Zeitpunkt andauerte. Hierbei werden der Ablauf und die Dauer des
  Vorgangs betont.
- Das *past perfect progressive* steht mit dem *past tense* in einer ähnlichen zeitlichen Beziehung wie das
  present perfect progressive mit dem *present tense*.
  Vergleiche: present   present perfect progressive
          I **feel** tired now. ← I'**ve been working** all day.

          past   past perfect progressive.
          I **felt** tired that evening. ← I **had been working** all day.

> ⚠ Verben wie *be, belong, know* kommen nicht in der *progressive form* vor, weil sie an sich einen
> (dauerhaften) Zustand und nicht eine Handlung bezeichnen. Man muß bei diesen Verben die
> *simple form* verwenden, selbst dann, wenn der beschriebene Zustand längere Zeit angedauert hatte:

> He **had known** her for years when he married her.
> The house **had belonged** to the family since 1937. They sold it last year.

Unit 2

§ 6 Die indirekte Rede   Reported speech

Wenn man berichtet, was jemand gesagt hat, kann man dies auf zwei verschiedene Weisen tun:

1. als direkte Rede

Mr Hopper says, "I've got some good news.
My dream has come true."
He said, "**I**'ve found the perfect
place for **us**."

- Die direkte Rede ist ein direktes Zitat. Sie steht
  in Anführungszeichen. Zwischen dem Einführungssatz und der Aussage steht ein Komma

2. als indirekte Rede

Mr Hopper says (that) **he** has got some good news.
He says (that) **his** dream has come true.
He said (that) **he** had found the perfect
place for **them**.

- In der indirekten Rede wird der Inhalt einer
  Äußerung oder einer Rede wiedergegeben.
- Anders als im Deutschen steht zwischen Einfüh-
  rungssatz und indirekter Rede **kein Komma.**
- Das einleitende *that* wird häufig weggelassen.

- Bei der Wiedergabe einer Äußerung in indirekter Rede werden in der Regel einige Veränderungen
  notwendig, z. B. müssen Personal- und Possessivpronomen häufig verändert werden. Sie werden dem
  Standpunkt des Berichtstatters angepaßt:
  I → *he/she; my* → *his/her; me* → *him/her; we* → *they; our* → *their; us* → *them*

I. Verb im Einführungssatz im Präsens   Introductory verb in the present

Direkte Rede	Indirekte Rede
Mr Hopper says, "I **saw** a fantastic TV program on Channel 27."	Mr Hopper says (that) he **saw** a fantastic TV program on Channel 27.
	Herr Hopper sagt, daß er ein phantastisches Fernsehprogramm auf Kanal 27 **gesehen habe**.
He says, "Oshkosh **will be** a big surprise for you."	He says (that) Oshkosh **will be** a big surprise for us.
	Er sagt, daß Oshkosh eine große Überraschung für uns **sein werde**.

- Steht das Verb im Einführungssatz im *present tense*, so wird in der indirekten Rede die gleiche Zeitform gebraucht wie in der direkten Rede.
- Im Deutschen wird in der indirekten Rede in der Regel der Konjunktiv gebraucht.

II. Verb im Einführungssatz im Past Tense   Introductory verb in the past

Direkte Rede	Indirekte Rede	Zeitverschiebung
"I'm **calling** from Oshkosh."	Dad said he **was calling** from Oshkosh.	present → past
"I **love** the place."	He told me that he **loved** the place.	
"I **have found** something fantastic."	He said he **had found** something fantastic.	pres. perfect → past perfect
"I've **been looking** for something like this for ages."	He told me he **had been looking** for something like that for ages.	
"Actually, I **saw** it on TV."	He said that he **had seen** it on TV.	past → past perfect
"I **had** more or less **given** up hope."	He told me that he **had** more or less **given** up hope.	past perfect → past perfect
"Now, we'll all **move** there in a month's time."	He thought we **would** all **move** there in a month's time.	will → would
"You **may** not know the place."	He thought that I **might** not know the place.	may → might
"But you **can** be sure you'll like it."	But I **could** be sure I would like it.	can → could
	––– Well, I'm not **so** sure. –––	

- Die indirekte Rede ist eine Form des Erzählens. Steht also das einleitende Verb des Sagens oder Denkens im *past tense*, so findet bei der Wiedergabe von direkter Rede in indirekter Rede eine Verschiebung der Zeiten statt, d. h.:
  – im Nebensatz stehen in der Regel nur vergangenheitsbezogene Formen *(past, past perfect, conditional)*
  – die Verbform in der indirekten Rede wird gegenüber der in der direkten Rede um eine „Stufe" in die Vergangenheit zurückversetzt. *(backshift of tenses)*.
- Steht das Verb in der direkten Rede im *past perfect*, so bleibt es in der indirekten Rede im *past perfect*, da es keine weiter in die Vergangenheit zurückreichende Verbform gibt.
  Auch *could, would, should* und *might* werden nicht verändert.

⚠ say und *tell*

| He **said** that he loved the place. | Wenn die Person, mit der jemand spricht, nicht genannt wird, verwendet man *say*. |
| He **told his wife** that he loved the place. | Wenn die Person, mit der jemand spricht, genannt werden soll, benutzt man in der indirekten Rede meist *tell*. Nach *tell* muß ein Objekt folgen (die Person, mit der jemand spricht). Das Verb *tell* wird nicht mit *to* gebraucht. |

§ 7 Fragen in der indirekten Rede   Questions in reported speech   Unit 2 Step C

Direkte Rede	Indirekte Rede
"Were you on the basketball team in your old school?" "Do you play an instrument?" "Have you ever played hockey?" "Will you have lunch with us?"	They asked him **whether** he had been on the basketball team in his old school. They wanted to know **if** he played an instrument. They asked him **if** he had ever played ice hockey. They wondered **whether** he would have lunch with them.
"**Why** did you move here, Harry?" "**What** sports are you best at?" "**How** do you like it in Oshkosh?"	They asked him **why** he had moved there. They wanted to know **what** sports he was best at. They asked him **how** he liked it in Oshkosh.

- Steht in der direkten Rede kein Fragewort, so wird die indirekte Rede durch *if* oder *whether* eingeleitet.
- Steht in der direkten Rede ein Fragewort (*where, why, what, how* usw.) so wird es in der indirekten Rede beibehalten.

§ 8 Zeitangaben in der direkten und indirekten Rede

Expressions of time in direct and reported speech

- Zeitangaben müssen in der indirekten Rede häufig verändert werden, wenn die Sprechsituation und der Zeitbezug sich gegenüber der direkten Rede geändert haben, (d. h. wenn ein Sprecher in der indirekten Rede über ein Ereignis berichtet, das zeitlich weiter zurückliegt.)

13th November

Hi Ben,
…

OCT 28	Victoria: "I'm going to have a party **this weekend**."	Victoria told me she was going to have a party **that weekend**.
		…
OCT 31	Harry: "You can be my partner in the magic show **tonight**, Sandy."	I told Sandy that she could be my partner in the magic show **that night**.
		…
NOV 1	"We didn't get to your party **yesterday** because …"	Later I explained why we hadn't got to her party **the day before**.

- Die folgenden Veränderungen von Zeitangaben sind üblich:

today → that day	tomorrow → the following day/the next day
tonight → that night	next week → the next week/the following week
this week → that week	next Monday → the next Monday/the following Monday
yesterday → the day before	three days ago → three days before
last night → the night before	

- Die Ortsangabe *here* wird in der indirekten Rede meist zu *there*:

| Mr Hopper in Oshkosh: | Mrs Hopper in Enid: |
| "You will like it **here**."   → | He thought we would like it **there**. |

Unit 3

Das Passiv   The passive

Ohne by-agent				
	subject	*verb*	*object*	
active:	Factories	spend	a lot of money	on industrial robots.
passive:	A lot of money	**is spent**		on industrial robots.
active:	Did shops	sell	many computers	last year?
passive:	**Were** many computers	**sold**		last year?

Mit by-agent			
	subject	*verb*	*object*
active:	Robots	do	more and more industrial work.
			by-agent
passive:	More and more industrial work	**is done**	by robots.

- Passivsätze stellen eine Handlung aus anderer Sicht dar als Aktivsätze.
  In dem Satz *Factories spend a lot of money …* ist *Factories* Subjekt des Aktivsatzes und somit betont, während im Passivsatz die Betonung auf dem Subjekt *A lot of money* liegt.
- Oft wird in Passivsätzen der Verursacher einer Handlung nicht genannt, weil er unwichtig oder unbekannt ist.
- Will man besonders betonen, von wem etwas getan wird, so verwendet man das *by-agent*.
- Passivsätze kommen häufig in Zeitungsberichten, in historischen Berichten und in technischen Beschreibungen vor.

Die Zeitformen des Passiv   The passive forms of the verb

Die passiven Verbformen werden aus einer Form von *be* und dem *past participle* gebildet.
In der *simple form* können alle Zeitformen des Aktivs auch im Passiv gebildet werden.

simple forms
present (am/is/are + past participle)
Today computers **are used** everywhere.
past (was/were + past participle)
At first very large models **were made.**
present perfect (has/have been + past participle)
But over the last few years much smaller models **have been built.**
future (will be + past participle)
In future a lot more work **will be done** by all kinds of computers.
infinitive (be + past participle)
It can **be said** that computers are changing our life.

n der *progressive form* sind lediglich die *present-* und *past tense*-Formen gebräuchlich.

progressive forms
present (am/is/are being + past participle)
At the moment many workers **are being replaced** by industrial robots.
past (was/were being + past participle)
While the robots **were being programmed,** work had to stop for a few days.

- Bei der Verwendung der Zeitformen des Passiv gelten die gleichen Regeln wie bei den Zeitformen des Aktiv.
- Die *progressive forms* drücken aus, daß Vorgänge beschrieben werden, die noch nicht abgeschlossen sind (bzw. waren) oder gerade ablaufen (bzw. abliefen).
- Im Deutschen ist das Passiv weniger gebräuchlich als im Englischen. Anstelle eines Passivsatzes werden hier oft Wendungen mit ‚man' verwendet:

It can be said that . . .	*Today computers are used everywhere.*
Man kann sagen, daß . . .	Heute gebraucht man Computer überall.
(Es kann gesagt werden, daß . . .)	(Heute werden Computer überall gebraucht.)

§ 10 Verben mit Präpositionen in Passivsätzen

Unit 3 Step B

The passive of verbs with prepositions

active:	We often **talk about** this problem.	
passive:	This problem **is** often **talked about**.	über ... wird ... gesprochen/man spricht ... über
active:	And we **are** also **looking for** new ways of saving energy.	
passive:	And new ways of saving energy **are** also **being looked for**.	nach ... wird gesucht/man sucht nach ...

- Verb und Präposition gehören im Englischen so eng zusammen, daß sie auch im Passivsatz nicht getrennt werden.

§ 11 Der Gebrauch des unbestimmten Artikels   The use of the indefinite article

Manchmal unterscheidet sich der Gebrauch des unbestimmten Artikels im Englischen vom Deutschen.

Berufsbezeichnungen	
Tracey's father is **a policeman**.	Traceys Vater ist Polizist.
Tessie Ferranti is **a truck driver**.	Tessie Ferranti ist Lastwagenfahrerin.
Zeitangaben	
Tessie drives down to Florida **once a** month.	Tessie fährt einmal im Monat runter nach Florida.
She is not allowed to go faster than 55 miles **an hour**.	Sie darf nicht schneller als 55 Meilen in der Stunde fahren.
Mengenangaben	
These apples are 50 cents **a pound**.	Diese Äpfel kosten 50 Cents das Pfund.
Nach 'half', 'quite', 'rather', 'such', 'what'	
Can I have **half a** pound of butter, please?	Kann ich bitte ein halbes Pfund Butter haben?
This is **rather a** good story, isn't it?	Dies ist eine ziemlich gute Geschichte.
Yes, I think it's **quite a** good story.	Ja. Ich glaube, es ist eine ganz gute Geschichte.
What a nice surprise. I've never had **such a** lovely present.	Was für eine nette Überraschung. Ich habe noch nie ein so tolles Geschenk bekommen.

- Bei Berufs-, Zeit- und Mengenangaben steht im Englischen der unbestimmte Artikel. Im Gegensatz dazu steht im Deutschen kein, bzw. der bestimmte Artikel.
- Beachte die Stellung des unbestimmten Artikels **nach** Wörtern wie *quite, half, such* etc.

Unit 4

Unbestimmte Pronomen und Begleiter
Indefinite pronouns and determiners

‚some' und ‚any'

There's **some** milk in the kitchen, and there's also **some** bread.	But there aren't **any** oranges left, and there isn't **any** lemonade. Are there **any** apples? I don't think so – no, there aren't **any**.
I've got **some** fresh strawberries here. Would you like **some**? – Yes, please.	

- In bejahten Aussagesätzen verwendet man *some*, in verneinten Aussagesätzen *(not…/hardly…/never…/without…) any*.
- In Fragen verwendet man *any*, wenn man nicht weiß, ob die Antwort ja oder nein lauten wird.
- Wenn man eine positive Antwort erwartet, verwendet man *some*.
- Die Zusammensetzung von *some (something, somebody, someone, somewhere)* und von *any (anything, anybody, anyone, anywhere)* werden nach dem gleichen Muster verwendet.

‚much' und ‚many', ‚a lot of'

Is there **much** rain in Southern California? No, there isn't **much**. So **a lot of** water must be transported from the mountain rivers in the North.	But **many** people have swimming pools and sprinklers, which use **a lot of** water.

- *Much* wird bei Stoffbezeichnungen *(water, milk, money* usw.) und anderen nicht-zählbaren Nomen im Singular verwendet.
- Bei Pluralformen von Nomen kann nur *many* gebraucht werden.

⚠ *Much* steht vorwiegend in Fragen und verneinten Sätzen. In bejahten Aussagen gebraucht man meist *a lot of* oder *lots of*.

‚(a) little', ‚(a) few' und ‚several'

Can I have **a little** water? … ein wenig, ein bißchen …	**A few** hundred years ago very **few** Europeans … ein paar … … wenige … had made their homes in California. **Several** of them found gold, but most of them … mehrere …
I'm afraid there's very **little** left. … wenig …	became farmers.

- *Little* und *a little* werden bei Stoffnamen und anderen nicht zählbaren Nomen verwendet.
- Bei Nomen im Plural verwendet man *few* bzw. *a few*

Vergleiche: He has got *little* money and *few* friends. = He hasn't got *much* money and *not many* friends.

‚Every', ‚each' und ‚any'

Das deutsche ‚jede(r, s)' kann im Englischen – je nach Bedeutung – durch *every*, *each* oder *any* wiedergegeben werden.

Some people watch TV **every** day.
Everybody has heard of Hollywood.
 	
You can come **any** day. It doesn't matter which.
   ... an jedem beliebigen Tag ...
Who shall we ask? – **Anyone** you like.
      ... Irgendwen (Egal wen) ...
	Each of the kids in Jolene's class has a job.
	The oranges are 20 cents **each**.
	      ... je/das Stück ...

- *Every* und *each* bezeichnen jeden ohne Ausnahme. *Each* betont, daß jeder einzelne aus einer Gruppe gemeint ist.
- *Every* kann nur zusammen mit einem Nomen verwendet werden.
- *Each* wird vor allem vor einer *of-phrase* verwendet. (*Every* ist hier nicht möglich.) *Each* kann sich, im Gegensatz zu *every*, auch auf ein vorhergehendes Nomen beziehen.
- *Any* kann in bejahten Aussagen für das deutsche ‚jeder' gebraucht werden, wenn irgendeine x-beliebige Person oder Sache gemeint ist.

‚All', ‚no', ‚none'

All children love ice-cream. **All the** boys in our class like football.	She's got **no** job at the moment. **None** of the kids in Jolene's class has a car yet. How many brothers have you got? – **None**.

- *All* ohne Artikel bezeichnet alle/alles aus einer nicht begrenzten Anzahl oder Menge (hier: alle Kinder überhaupt).
- Mit dem Artikel bezeichnet *all* alle/alles aus einer begrenzten Anzahl oder Menge (hier: alle Jungen in unserer Klasse).

- *No* kann nur vor einem Nomen stehen.
- Soll ein Nomen nicht wiederholt werden, verwendet man *none*. [nʌn].
Auch vor einer *of-phrase* steht *none*.

⚠ *None* nicht verwechseln mit *no one*:
No one helped him because **none** of them knew what to do.
Niemand ...   ... keiner von ihnen ...

‚Both', ‚either', ‚neither'

Which of those two films would you like to see? I don't mind. **Both** sound good. Beide (Filme) ... They were **both** made in Hollywood. ... beide ...	I don't mind. We can watch **either**. Egal ... irgend einen. **Neither** of them has ever been on TV before. Keiner von beiden ...

- Anders als das deutsche ‚beide' ist *both* immer betont und steht **nie** nach dem bestimmten Artikel.
- Dem deutschen ‚die beiden/die zwei' entspricht im Englischen *the two*.

- *Either* bezeichnet irgendeinen von beiden, *neither* keinen von beiden.

⚠ **Vergleiche: The two** girls came back at 9. **Both** were tired.
      Die beiden Mädchen kamen um 9 zurück. Beide waren müde.

Modale Hilfsverben und Sprechabsichten
Modal auxiliaries and speech intentions

Unit 4 Step A–C

Modale Hilfsverben werden verwendet, um unterschiedliche Sprechabsichten auszudrücken.
Sehr häufig drücken sie die persönliche Einstellung eines Sprechers aus.
Typische Sprechabsichten sind:

Fähigkeit bzw. Unfähigkeit ausdrücken

can – **can't** **could** – **couldn't** Ersatzform: **be able to**	In San Francisco you **can** see the famous cable cars. Horses **weren't able to** pull the wagons up the steep hills. What **could** they do? – They invented cable cars.

Etwas erlauben oder verbieten

may – **may not, mustn't** **(can)** – **(can't)** Ersatzform: **be allowed to** 　　　　　　**(be able to)**	**May/Can** I go surfing today? – No you **may not/can't.** You know that you **mustn't** go surfing when the sea is so rough.	… du darfst nicht …

Ausdrücken, daß etwas notwendig bzw. nicht notwendig ist

must – **needn't** Ersatzform: **have to**	**Must** I stay at home again tonight? – I'm afraid you **must.** But you **needn't** go to bed so early. You can watch something nice on TV.	… du mußt nicht …

Um etwas bitten

will/would **can/could** **may**	**Will/Would** you shut the window please? **Can/Could** I use your telephone? **May** I come in?

Jemand einen Rat geben, jemand tadeln

should/ought to **should not/ought not to**	You get such good grades in high school. You **should/ought to** go to college. You really **shouldn't/ought not to** worry about it.

Eine Annahme ausdrücken, etwas für möglich halten

may/might/could	It **may** rain tomorrow. It **might** even snow. Who's that at the door? – I've no idea who it **could** be. It **may** be Harry. It **might** even be Sandy.

§14 Der Imperativ in der indirekten Rede
The imperative in reported speech

Direkte Rede	Indirekte Rede
Doctor: "**Stop** smoking.	The doctor told Mr Flop **to stop** smoking.
You **mustn't drink** so much.	He warned him **not to drink** so much.
You **should do** some exercise.	He advised him **to do** some exercise.
Take three of these pills a day.	And he told him **to take** three pills a day.
Please **come** and **see** me again in	He asked him **to come** and **see** him again in a
a week or two."	week or two.

- Aufforderungssätze werden in der indirekten Rede meist als Infinitivkonstruktionen mit *to* oder *not to* wiedergegeben. Sie werden eingeleitet durch Verben des Sagens *(tell/advise/ask s.o. to …* bzw. *tell/warn s.o. not to …).*
- Außer Infinitivkonstruktionen sind auch *should/ought to* gebräuchlich:

   The doctor told him that he **ought not** to drink so much.
   He said that he **should** exercise regularly.

Unit 5

§15 Das Gerund   The gerund

Das Gerund kann im Satz als Subjekt, als Objekt, nach Präpositionen und nach einigen bestimmten Redewendungen stehen.

1. Das Gerund als Subjekt

Trucking is hard work.	(Das) LKWfahren ist schwere Arbeit.
Sitting at the wheel for hours must be very hard.	Stundenlang am Steuer zu sitzen …
But **seeing** lots of new places must be great.	… eine Menge neuer Orte zu sehen …/
	… wenn man … sieht.

2. Das Gerund als Objekt nach bestimmten Verben

Lee still **likes driving** his truck all over America.	… fährt … gern …
He **loves seeing** so many different places and people.	… sieht sehr gern …
And he **enjoys talking** to other drivers.	… spricht gern …
He **started driving** a truck when he was quite young.	… fing an … zu fahren …
But now he wants to **stop working** soon.	… möchte aufhören zu arbeiten. …
When he was young	
he **didn't mind working** long hours.	… hatte er nichts dagegen, … zu arbeiten.
But now there's so much traffic.	
And Lee **can't stand driving** in city traffic,	… kann es nicht ausstehen, … zu fahren.
because he **hates waiting** around.	… er wartet sehr ungern …

- Häufig verwendet man Verb + Gerund, um auszudrücken, was man gern oder ungern tut.
- Nach *start* kann auch ein Infinitiv stehen:
      He started driving = He started to drive

3. Das Gerund nach Präpositionen
a) **verb + preposition + Gerund**

I'm **looking forward to going** to America one day.	Ich freue mich darauf, … zu fahren.
I always **dream of seeing** all those fantastic sights.	… träume davon, … zu sehen.
And I often **think of traveling** around the USA.	… denke … daran, … zu reisen.
My friends and I sometimes **talk about going** there together.	… sprechen … darüber, … zu fahren.
But we'll have to **keep on saving.**	… müssen weitersparen.
As a first step we've all **given up smoking.**	… aufgehört zu rauchen.

b) **adjective + preposition + gerund**

Are you **tired of living** in a crowded city?	Haben Sie es satt, … zu leben?
Would you be **interested in doing** something completely different?	… interessiert daran, … zu tun?
If you are **fond of being** in the open air all day;	… gern im Freien sind;
if you are **good at working** with your hands,	… gut … arbeiten können,
and if you aren't **afraid of getting** dirty,	… keine Angst haben, dreckig
come and spend a holiday on	zu werden …
SHILOH RANCH	

c) **noun + preposition + gerund** (Step C)

Once alligators were in **danger of dying out** in Florida.	… bestand die Gefahr, daß … aussterben würden.
Now, if you go to the Everglades, you'll have no **difficulty in seeing** one.	… haben Sie keine Schwierigkeiten … zu sehen.

4. Das Gerund nach What/how about …?, it's no use, it's worth

It's no use keeping your car too long.	Es hat keinen Sinn/Zweck …
It's worth buying a new one every few years.	Es lohnt sich …
What/how about looking at our latest models now.	Wie wär's, wenn Sie …

Der Infinitiv The infinitive **Unit 5 Step B**

Der Infinitiv ist die Grundform des Verbs. Er kann von allen Verben außer den modalen Hilfsverben (*can, must* usw.) gebildet werden.
Es gibt zwei Formen des Infinitivs:

	ohne *to*		mit *to*
active	He must **write** a letter.	*active*	He wants **to write** a letter.
passive	The letter must **be written.**	*passive*	The letter ought **to be written.**

- Der Infinitiv ohne *to* wird vor allem nach modalen Hilfsverben verwendet:
  May I **have** some? We can **see** them. She must **go** now.

Beispiele für die Verwendung des Infinitivs mit *to*:

1. Der Infinitiv nach bestimmten Verben

In the 19th century many people **decided to leave** their home countries.
They **hoped to start** a new life in America.
Some **expected to find** gold in the streets.
But only a few **managed to become** rich quickly.

39

- An die folgenden Verben kann direkt ein Infinitiv mit *to* angeschlossen werden:

agree	*choose*	*expect*	*hope*	*manage*	*promise*	*seem*	*want*
arrange	*decide*	*forget*	*learn*	*offer*	*refuse*	*try*	*wish*

2. Der Infinitiv nach Verb + Objekt

	verb	object	infinitive	
His mother	**wanted**	**Tom**	**to become**	a teacher.
His father	**told**	**him**	**to work**	harder.
A friend	**advised**	**him**	**to start**	his own business.
His girlfriend	**invited**	**him**	**to go**	to California with her.
They all	**expected**	**him**	**to do**	well.
But he	**told**	**them**	**to leave**	him alone.

- Den folgenden Verben kann Objekt + Infinitiv angeschlossen werden:

advise	*ask*	*help*	*would like*	*teach*	*want*
allow	*expect*	*invite*	*remind*	*tell*	*warn*

⚠ Im Deutschen wird die Konstruktion *want* + Objekt + Infinitiv durch einen „daß"-Satz wiedergegeben.
Im Englischen kann nach *want* **kein** *that*-Satz folgen.
Vergleiche: He wanted to become a cowboy. = Er wollte Cowboy werden.
He wanted his brother to become a cowboy. = Er wollte, daß sein Bruder Cowboy wird.

3. Der Infinitiv nach ‚would like‘, ‚would love‘, ‚would hate‘

Would you **like to play** tennis with me this afternoon?
I'd love to. But I've promised to play with Sandra.
And I **would hate to** disappoint her.

- *Would like/love/hate* werden mit dem Infinitiv mit *to* verwendet.

4. Der Infinitiv nach Adjektiven

It is **too cold to go** out.
It would be much **better to stay** at home.
It might be **best to forget** about the walk.

- Der Infinitiv kann nach den meisten Adjektiven und ihren Steigerungsformen stehen.

5. Der Infinitiv nach for + Nomen/Pronomen

It is **important for children to have** good friends.	Es ist wichtig, daß Kinder … haben.
It is **difficult for some people to say** no.	Manche Leute finden es schwierig, nein zu sagen.

In Bluff City there's **no place for young people to go**.
It is also **a problem for them to find** enough jobs.
There's **a lot more for kids to do** in San Francisco.

- Der Infinitiv steht häufig nach *for* + Nomen oder Pronomen. Dieser Konstruktion kann ein Adjektiv oder ein Nomen vorausgehen.

6. Der Infinitiv nach Fragewörtern

Don't you know **what to do**?	... was Sie tun sollen?
Aren't you sure **where to go**?	... wohin Sie gehen sollen?
We'll tell you **how to become** a different person:	... wie man ... werden kann:
"**How to change** your life"	
Now for sale everywhere. Only $15.	

- Nach Fragewörtern (*what, where, how* usw.) ersetzt der Infinitiv indirekte Fragen mit *can, should* oder *must*: I wonder where to go. = I wonder where I should go.

7. Der Infinitiv nach ‚the first‘, ‚the last‘, ‚the only one‘

The Americans were **the first** (men) **to land** on the moon.	... die ersten, die ...
Australia was **the last** continent **to be discovered**.	... der letzte Kontinent, der ...
Jolene was **the first** (person) **to leave** the party.	... die erste, die ...
But she wasn't **the only one to go** home early.	... die einzige, die ...

- *The first* und *the last* können allein stehen. *The only* muß mit einem Nomen oder dem Stützwort *one/ones* verbunden werden.
- Anstelle des Infinitivs kann auch (wie im Deutschen) ein Relativsatz gebraucht werden:
  You are not **the only person to dislike** football. = You are not the only person **that/who** dislikes football.

8. Der Infinitiv anstelle von Nebensätzen

We need somebody **to help** us. ... who can help aus. Autumn is the time **to go** to New England. ... when you should go ... Jeff is the man **to ask**. ... who you could/should ask. The film **to see** this week is "Crazy Dad." ... (which) you should see ...	• Eine Infinitivkonstruktion kann einen Nebensatz (gewöhnlich einen Relativsatz) mit modalem Hilfsverb ersetzen.

[9. Der Infinitiv als Subjekt]

To save money seems almost impossible today. It is dangerous **to drive** so fast. **To be** or not **to be**: that is the question.	• Ähnlich wie das Gerund (vgl. §15 1.) kann auch der Infinitiv als Subjekt gebraucht werden.

Das Gerund nach Präpositionen (in adverbialen Bestimmungen)　　Unit 5　Step C
The gerund after prepositions (in adverbials)

Marc thanked Tessie **for taking** him with her to Florida.	... dafür, daß ...
After leaving the depot they slowly rolled through Pittsburgh.	Nachdem sie ...
Before going to Florida Marc had saved some money.	Bevor er ...
Tessie tried to stay awake **by listening** to the radio.	... indem sie ...
But Marc had fallen asleep **without realizing** it.	... ohne es zu ...
Tessie had breakfast in the evening **instead of having** supper.	... anstatt ... zu ...

- Zusammen mit einer Präposition kann das Gerund Teil einer adverbialen Bestimmung sein. Im Deutschen verwendet man meist einen adverbialen Nebensatz oder eine Infinitivkonstruktion mit „zu".

Unit 6

§ 18 **Der Infinitiv ohne ‚to' nach Verben des Wahrnehmens**
The infinitive without 'to' after verbs of perception

	verb of perception	direct object	infinitive without 'to'		
Ted Donahue	**noticed**	**a car**	**stop**	outside.	… bemerkte, daß …
Then he	**heard**	**someone**	**open**	a window.	… hörte, daß …
He	**felt**	**the cold air**	**touch**	his face.	… fühlte, wie …
He	**saw**	**a man**	**climb**	through the window.	… sah, daß …
Then he	**watched**	**the man**	**open**	the safe,	… beobachtete, daß/wie …
and he	**saw**	**him**	**take**	all the money out.	… sah, daß …

- Nach den Verben des Wahrnehmens *(feel, hear, notice, see)* und des Beobachtens *(watch)* kann der Infinitiv ohne *to* verwendet werden.
- In dieser Konstruktion drückt der Infinitiv aus, daß ein Vorgang insgesamt abgeschlossen ist. Der Infinitiv steht besonders dann, wenn mehrere aufeinanderfolgende Handlungen beschrieben werden sollen.
- Im Deutschen verwendet man anstelle der Infinitivkonstruktion meist Nebensätze mit ‚daß' oder ‚wie'.

§ 19 **Have something done**

	have	direct object	past participle	
I always	**have**	**my car**	**washed.**	Ich lasse immer mein Auto waschen.
Yesterday I	**had**	**it**	**repaired.**	Gestern habe ich es reparieren lassen.
Have you	**had**	**your hair**	**cut?**	Hast du dir die Haare schneiden lassen?
No, I **haven't had**		**it**	**cut.**	Nein, ich habe sie mir nicht schneiden lassen.
– I always cut it myself. –				

- *Have + direct object + past participle* drückt aus, daß jemand veranlaßt, daß etwas getan wird.

⚠ *Have + direct object + past participle* nicht verwechseln mit dem *present perfect* oder dem *past perfect!*

Vergleiche: *present perfect*
I have washed the car.   I have the car washed every Saturday.
Ich habe das Auto gewaschen.   Ich lasse jeden Samstag das Auto waschen.

past perfect
She had cut her hair.   She had her hair cut.
Sie hatte sich die Haare geschnitten.   Sie hat sich die Haare schneiden lassen.

§ 20 **Der Infinitiv ohne ‚to' nach ‚let' und ‚make'**
The infinitive without 'to' after 'let' and 'make'

Das deutsche „lassen" + Infinitiv kann unterschiedliche Bedeutungen haben:
es kann sowohl „etwas veranlassen" wie auch „etwas zulassen" bedeuten.
Im Englischen werden diese gegensätzlichen Bedeutungen durch *make* und *let* ausgedrückt.

	make	direct object	infinitive without 'to'	
Our tennis coach	**makes**	**us**	**work** hard.	… läßt uns …
He	**makes**	**us**	**practice** three times a week.	(… sorgt dafür,
Before every practice he	**makes**	**all the players**	**run** round the court 20 times.	daß …)

- *Make* bedeutet: jemanden dazu bringen oder zwingen, etwas zu tun. Es bedeutet, daß jemand veranlaßt, daß etwas geschieht.

	let	direct object	infinitive without 'to'	
My parents usually	**let**	**me**	**do** what I want in the holidays.	… lassen mich …
They	**let**	**me**	**go out** in the evening.	(… erlauben mir …)
But of course they	**don't let**	**me**	**stay out** all night.	

- *Let* bedeutet: jemandem erlauben, etwas zu tun; etwas zulassen.

Der s-Genitiv und die ‚of-phrase'   Unit 6 Step C

> Whose are those books? – Are they **Jolene's**?
> No, they are her **mother's.**

- Wenn man ein bereits genanntes Nomen *(books)* nicht wiederholen will, kann der *s*-Genitiv ohne dieses Bezugswort stehen. Vergleiche auch: We must go to the butcher's. (= butcher's shop)

> Uncle Fred is a relation **of my father's**. = He is one of my father's relations.
> Tom and Jerry are friends **of my parents'**. = They are two of my parents' friends.
>
> Is Jolene a friend **of yours**? = Is she one of your friends?
> Well, she's not really a friend **of mine**. She's a friend **of my sister's.**

- In *a friend of my sister's* sind *of-phrase* und nachgestellter *s*-Genitiv zu einem „doppelten Genitiv" zusammengefügt. Die Konstruktion drückt aus, daß die Schwester vermutlich mehrere Freundinnen hat. Der einfache *s*-Genitiv *my sister's friend* erweckt den Eindruck, die Schwester habe nur eine Freundin.
- Ähnlich kann auch das Possessivpronomen *(mine, yours, his* etc.) zusammen mit der *of-phrase* verwendet werden.

Unit 7

Der Gebrauch des bestimmten Artikels   Unit 7 Step A/B
The use of the definite article

Der bestimmte Artikel zeigt an, daß Dinge oder Personen näher bezeichnet werden:

Horses are beautiful animals.	**The horses** you can see in this picture were used to pull wagons.
Hier geht es um Pferde ganz allgemein.	Hier sind die Pferde (in diesem Fall durch einen Relativsatz) näher bezeichnet.

Ohne Artikel	Mit Artikel
Stoffbezeichnungen und abstrakte Begriffe, die nicht näher bestimmt sind.	**Stoffbezeichnungen und abstrakte Begriffe, die näher bestimmt sind.**
Water is a problem in Southern California. Where there's **smoke** there's **fire**. Barney loves **music**. **Life** is too short.	**The water in our rivers** is not very clean. **The fire that broke out in 1906** destroyed many houses in San Francisco. The blues was **the music of the slaves and the poor blacks**. I've just read a book on **the life of Christopher Columbus**.

- Der bestimmte Artikel steht, wenn die Stoffbezeichnung oder der abstrakte (allgemeine) Begriff durch eine Ergänzung (meist ein Relativsatz oder eine *of-phrase*) näher bestimmt wird.

Personennamen im Singular	Familiennamen im Plural
Jolene and **Sandra** are pen pals. **Uncle Bernie** rang up last night. **Poor Jolene** wasn't allowed to go surfing. **(Die arme Jolene …)**	**The Donahues** and **the Robinsons** live in New York.

- Personennamen im Singular und Verwandtschaftsbezeichnungen, die wie Namen gebraucht werden, stehen ohne den bestimmten Artikel. Auch wenn dem Namen ein Adjektiv vorausgeht, steht kein Artikel.

- Familiennamen im Plural werden mit dem bestimmten Artikel gebraucht.

Institutionen und Verkehrsmittel	Institutionen und Verkehrsmittel
Jolene doesn't like **school** much. A lot of people go to **church** on Sunday. Many American kids go to school by **bus**.	**The school** she goes to isn't very modern. **The church** in Sundown Road is only 10 years old. **The bus** to Oshkosh leaves at 5.30.

- Wenn man an den Zweck einer Institution denkt (Unterricht, Gottesdienst usw.), so steht der bestimmte Artikel **nicht**. Mit *by bus/by train* usw. ist die Verkehrsverbindung allgemein gemeint.

- Der bestimmte Artikel wird verwendet, wenn man an eine ganz bestimmte Schule, Kirche usw., ein bestimmtes Gebäude oder Fahrzeug denkt.

⚠ Bei *hospital* und *university* unterscheidet sich der Sprachgebrauch des amerikanischen Englisch vom britischen Englisch:

AE The injured driver was taken to **the** hospital.
BE The injured driver was taken to hospital.
AE When she has finished school she wants to go to **the** university.
BE When she has finished school she wants to go to university.

Ländernamen im Singular, Berggipfel	Ländernamen im Plural, Gebirge, Flüsse, Meere(steile)
Mount Whitney in **California** is about as high as **Mont Blanc** in France.	The pioneers that came to **the United States of America** found it difficult to cross **the Rocky Mountains**. **The Mississippi** flows into **the Gulf of Mexico**.

Ohne Artikel	Mit Artikel
Parks, Seen, Straßen	**Namen mit *of-phrase***
Central Park is New York's biggest park. Oshkosh lies on **Lake Winnebago**. Garth lives on **119th Street** in Harlem.	**The Statue of Liberty** is in New York harbor. **The Isle of Wight** is a popular place for a seaside holiday. **The Tower (of London)** is one of the city's famous sights.

Das Present Participle und das Past Participle

Unit 7 Step A

present participle	past participle
I thought the film was very **interesting**. I didn't find it **boring** at all. It was most **exciting** when the **sinking** ship was shown, and when two **passing** ships didn't realize what had happened. I've never seen such a **frightening** scene.	I was **surprised** to see all the **damaged** lifeboats, and the **frightened** people in them. Luckily some of the **injured** people were picked up from the **broken** boats.

- *Present* und *past participle* können als Adjektive verwendet werden, und zwar sowohl als Attribut zum Nomen *(the sinking ship)* wie auch als Ergänzung zum Verb *(didn't find it boring)*.
- Während das *present participle* aktive Bedeutung hat *(the sinking ship = The ship was sinking)*, hat das *past participle* passive Bedeutung *(the injured people = The people were injured)*.
- Einige *present participles* haben sich zu echten Adjektiven entwickelt und können wie diese mit *more* und *most* gesteigert werden. Zu ihnen gehören: *boring, exciting, interesting* und *surprising*.

Partizipialkonstruktionen anstelle von Hauptsätzen
Participle constructions instead of main clauses

Unit 7 Step B

"Oklahoma" is an old Indian word. It means "red people".	"Oklahoma" is an old Indian word **meaning** "red people".
Nusbaumer wrote about his journey in two diaries. They were discovered in 1966.	Nusbaumer wrote about his journey in two diaries, **discovered** in 1966.

- Mit Hilfe eines *present* oder *past participle* lassen sich zwei Hauptsätze miteinander verknüpfen. Dabei gibt der durch das Partizip angehängte Satz Begleitumstände oder Erläuterungen an. (Anstelle dieser Partizipialkonstruktion können auch Relativsätze verwendet werden. Vgl. § 25)

Partizipialkonstruktionen anstelle von Relativsätzen
Participle constructions instead of relative clauses

The girl who	is sitting at the table over there	is a Cherokee Indian.
The girl	**sitting** at the table over there	is a Cherokee Indian.
Many of the Indians that	live on reservations today	are unemployed.
Many of the Indians	**living** on reservations today	are unemployed.

The wine	which	is produced in California	is famous.
The wine		**produced** in California	is famous.
The people	that	were injured in the accident	were flown to the hospital in San Antonio.
The people		**injured** in the accident	were flown to the hospital in San Antonio.

- Anstelle von notwendigen Relativsätzen *(defining relative clauses)*, in denen das Relativpronomen Subjekt des Relativsatzes ist, können Partizipialkonstruktionen verwendet werden.
- Dabei ersetzt das *present participle* aktive Verbformen des Relativsatzes; das *past participle* tritt für passive Verbformen ein.

⚠️ Wenn Haupt- und Relativsatz kein gemeinsames Subjekt haben, dann tritt das *past participle* auch für aktive Verbformen ein: The wine (which) they make in California is famous.
The wine **made** in California is famous.

§ 26 Kurzsätze mit ‚so‘, ‚neither‘, ‚nor‘
Short additions to statements with 'so', 'neither', 'nor'

bejahte Sätze   affirmative statements

subject	aux.	verb			aux.	subject	
I	can	speak	English.	– So	can	I.	Ich auch.
I	would	like to	go to America.	– So	would	I.	Ich auch.
Barney		is	very interested in Germany.	– So	is	Carmen.	Carmen auch.
He	has	seen	some TV programs about Germany.	– So	has	she.	Sie auch.
He		lives	in San Antonio.	– So	does	she.	Sie auch.

verneinte Sätze   negative statements

subject	aux.	verb			aux.	subject	
I	have	never been	to California.	– Neither/nor	have	I.	Ich auch nicht.
Barney	can't	speak	German very well	– Neither/nor	can	Carmen.	C. auch nicht.
and he	doesn't	know	much about Germany.	– Neither/nor	does	she.	Sie auch nicht.
He	didn't	take part	in the exchange last year.	– Neither/nor	did	she.	Sie auch nicht.

- Kurzsätze mit *so, neither, nor* sind verstärkende Kommentare zu einem vorangehenden Aussagesatz her. Sie entsprechen deutschen Kurzsätzen mit „auch" bzw. „auch nicht".
  Wenn der vorangehende Satz ein Hilfsverb (bzw. eine Form von *be* als Vollverb) enthält, so wird dieses im Kurzsatz wieder aufgenommen.
- Enthält der vorangehende Satz kein Hilfsverb, so wird das Vollverb durch die entsprechende Form von *do* im Kurzsatz ersetzt.
- Das Subjekt des Kurzsatzes ist nachgestellt und erhält somit besonderes Gewicht.

§ 27 Englische Verben anstelle deutscher Adverbien
English verbal expressions instead of German adverbs

Im Englischen werden häufig verbale Ausdrücke verwendet, wo wir im Deutschen Adverbien gebrauchen würden.

1. Verbale Ausdrücke, die Vorliebe oder Abneigung beschreiben:
Verbs expressing likes, dislikes or preferences

Sarah **is** very **fond of/keen on playing** the cello.	Sarah spielt sehr **gern** Cello.
I **would hate to be** out in this weather.	Bei diesem Wetter wäre ich **sehr ungern** draußen.
Ted **likes/loves playing** football.	Ted spielt (sehr) **gern** Fußball.
He **prefers playing** football to (playing) basketball.	Er spielt **lieber** Fußball als Basketball.

2. Verbale Ausdrücke, die Gewißheit, Wahrscheinlichkeit oder Vermutungen beschreiben:
Verbs expressing certainty, probability or suppositions

We're **certain/sure to go** to San Francisco.	Wir fahren **sicher** nach San Francisco.
If you do, **be sure** to visit Chinatown.	… müßt Ihr **unbedingt** Chinatown besuchen.
Jolene **appears/seems to have changed** a lot.	Jolene hat sich **anscheinend** sehr verändert.
She **is likely to be** late.	**Wahrscheinlich** wird sie zu spät kommen.
I suppose Barney will go to Germany next year.	**Vermutlich** wird Barney nächstes Jahr nach Deutschland fahren.

3. Verbale Ausdrücke, die Fortdauer und frühere Gewohnheiten beschreiben:
Verbs expressing continuation and former habits

Lee will **go on/keep on trucking.**	Lee wird **weiter** LKWfahren.
I **used to play** a lot of tennis.	**Früher** habe ich viel Tennis gespielt.

4. Verbale Ausdrücke, die Bedauern und Zufälligkeit beschreiben:
Verbs expressing regret and chance

I'm **afraid/sorry** I won't be able to come.	**Leider** werde ich nicht kommen können.
Carmen **happened to know** the answer.	**Zufällig** kannte Carmen die Antwort.

Das Passiv bei Verben mit zwei Objekten   Unit 7 Step C
Passive sentences with direct and indirect object

Zahlreiche Verben können (oder müssen) zwei Objekte haben. Zu ihnen gehören: *give, lend, offer, pass, promise, send, show, tell, write.* Bei diesen Verben gibt es zwei Möglichkeiten, das Passiv zu bilden:

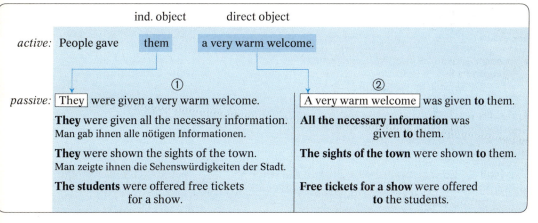

	ind. object	direct object
active:	People gave them	a very warm welcome.

①	②
passive: **They** were given a very warm welcome.	**A very warm welcome** was given **to** them.
They were given all the necessary information. Man gab ihnen alle nötigen Informationen.	**All the necessary information** was given **to** them.
They were shown the sights of the town. Man zeigte ihnen die Sehenswürdigkeiten der Stadt.	**The sights of the town** were shown **to** them.
The students were offered free tickets for a show.	**Free tickets for a show** were offered **to** the students.

- Diese Passivkonstruktion ist die gebräuchlichere.
- Das Subjekt des Passivsatzes entspricht hier dem indirekten Objekt des Aktivsatzes.
- Da es sich dabei meist um eine Person handelt, wird diese Konstruktion auch als „persönliches Passiv" bezeichnet. Bei der Übersetzung ins Deutsche werden häufig Sätze mit „man" verwendet.

- Das Subjekt des Passivsatzes entspricht hier dem direkten Objekt des Aktivsatzes. (Dies ist meist eine Sache.)
- Das indirekte Objekt (meist eine Person) wird mit *to* angeschlossen.

Verzeichnis grammatischer Ausdrücke (List of grammatical terms)

adjective [ˈædʒɪktɪv]	Adjektiv	The car is **new**. It's a **new** car.
adverb of manner [ˈædvɜ:b əv ˈmænə]	Adverb der Art und Weise	Kevin works **slowly** but **carefully**.
adverbial [ədˈvɜ:bɪəl]	adverbiale Bestimmung	–
defective auxiliary [dɪˈfektɪv ɔ:gˈzɪljəri]	unvollständiges Hilfsverb	**can, may, must**
by-agent [ˈbaɪ ˌeɪdʒənt]	Verursacher einer Handlung (im Passivsatz)	The sausages were eaten **by the dog**.
clause [klɔ:z]	Nebensatz	I can't see **because it's dark**.
comparison [kəmˈpærɪsn]	Steigerung	London is **bigger than** Leeds.
conditional [kənˈdɪʃənl]	Konditional	I **would help** you if I had time.
conditional perfect [kənˈdɪʃənlˈpɜ:fɪkt]	Konditional Perfekt	I **would have helped** you …
conditional sentence [kənˈdɪʃənl]	Bedingungssatz	**If it rains, we'll play inside**.
contact clause [ˈkɒntækt ˌklɔ:z]	Relativsatz ohne Relativpronomen	The book **I read** was funny.
definite article [ˈdefənɪt ˈa:tɪkl]	bestimmter Artikel	**the** car [ðə], **the** apple [ðɪ]
defining relative clause [dɪˈfaɪnɪŋ]	notwendiger Relativsatz	The book **that I read** was funny.
determiner [dɪˈtɜ:mɪnə]	Begleiter	**this** car, **her** books
direct object [ˈdaɪrekt]	direktes Objekt	I can see **a box**.
gerund [ˈdʒerənd]	„Gerund"	**Swimming** is fun.
if-clause [ˈɪf klɔ:z]	if-Satz	**If it rains**, we'll play inside.
indefinite article [ɪnˈdefənɪt]	unbestimmter Artikel	**a** car, **an** apple
indirect object [ˌɪndaɪˈrekt]	indirektes Objekt	Give **me** that book, please.
infinitive [ɪnˈfɪnətɪv]	Infinitiv	**(to) eat**
introductory verb [ˌɪntrəˈdʌktəri]	einführendes Verb	She **said** she was tired.
main clause [ˈmeɪn klɔ:z]	Hauptsatz	If it rains **we'll play inside**.
modal auxiliary [ˈməʊdl ɔ:gˈzɪljəri]	modales Hilfsverb	**can, may, must**
noun [naʊn]	Nomen	**house, winter**
object [ˈɒbdʒɪkt]	Objekt	I can see **a box**.
passive infinitive [ˈpæsɪv ˌɪnˌfɪnətɪv]	Infinitiv Passiv	**(to) be eaten**
past participle [ˈpa:st ˈpɑ:tɪsɪpl]	Partizip Perfekt	I haven't **done** my homework yet.
past tense [ˈpɑ:st tens]	Imperfekt	I **did** …/I **was doing** …
position [pəˈzɪʃn]	Stellung (eines Satzteils)	–
possessive determiner [pəˈzesɪv dɪˈtɜ:mɪnə]	Possessivbegleiter	**her** books, **my** brother
possessive pronoun [pəˈzesɪv ˈprəʊnaʊn]	Possessivpronomen	**hers, mine**
preposition [ˌprepəˈzɪʃn]	Präposition	**in** the van, **on** the table
present perfect [ˌpreznt ˈpɜ:fɪkt]	Perfekt	I **have done** my homework.
present tense [ˈpreznt tens]	Präsens	I **do** …/I **am doing** …
progressive form [prəˈgresɪv]	Verlaufsform	I **am doing** my homework.
pronoun [ˈprəʊnaʊn]	Pronomen	**I, him, herself, this**
prop-word [ˈprɒpwɜ:d]	Stützwort	the green **one**, the big **ones**
question tag [ˈkwestʃən tæg]	Bestätigungsfrage	That's a nice picture, **isn't it**?
question word [ˈkwestʃən wɜ:d]	Fragewort	**Who** is that?
reciprocal pronoun [rɪˈsɪprəkl ˌprəʊnaʊn]	reziprokes Pronomen	They haven't seen **each other** for months.
relative clause [ˈrelətɪv klɔ:z]	Relativsatz	The book **that I read** was funny.
reported speech [rɪˈpɔ:tɪd ˈspi:tʃ]	indirekte Rede	She said **she was tired**.
sentence [ˈsentəns]	Satz	–
simple past [ˌsɪmpl ˈpɑ:st]	Imperfekt	I **did** my homework after school.
subject [ˈsʌbdʒɪkt]	Subjekt	**Kate** is here. **She** wants to talk to you.
substitute [ˈsʌbstɪtju:t]	Ersatzverb	**be allowed to** (= may), **have to** (= must)
tense [tens]	Zeit	**past tense, present perfect**
verb [vɜ:b]	Verb, Vollverb	**(to) eat**
will-future [ˈwɪl ˌfju:tʃə]	will-Futur	Timmy **will be** six next year.
word order [ˈwɜ:d ˌɔ:də]	Wortstellung	–